LA CHIOCCIOLA IN NATURA

La scoperta della vita delle lumache per un
allevamento produttivo

GIACOMO CHIARELLI

Maltese Edizioni
Il tuo libro in un click

Il seguente manuale ha valore esclusivamente illustrativo.

Qualsiasi informazione, opinione o consiglio non costituisce in alcun modo attività di promozione o consulenza.

Né l'editore, né l'autore, né i suoi collaboratori, potranno essere ritenuti in alcun modo responsabili circa eventuali danni, diretti o indiretti, maturati a seguito di decisioni prese dal lettore.

Dedico questo libro a Mamma Marta e Papà Vincenzo. Sono sicuro che sarebbero immensamente orgogliosi di me per questo manuale che ho scritto con passione e dedizione.

Indice

Un classico libro che spiega come allevare le luma-che? Che poi... si chiamano chiocciole...

No! Molto di più.

*Sai qual è il VERO segreto per allevare la chiocciola con successo? **Conoscerla!***

*Ecco perché non serviva un altro libro dal titolo "la guida facile per far soldi con gli allevamenti di luma-che", **che puntualmente si sarebbe rivelato il solito fiasco**, ma qualcosa che andasse oltre.*

Giacomo Chiarielli, con un'ottima esperienza imprenditoriale di un'azienda che alleva chiocciole da anni con grande successo, ci condurrà in un vero e proprio viaggio verso l'inesplorato mondo delle chiocciole per scoprire le loro abitudini e le loro esigenze in modo da poterle riprodurre negli impianti di elicicoltura costruendo così un habitat favorevole alle loro necessità.

Si tratta di una base essenziale per chi stia pensando di allevarle.

I segreti degli allevamenti di successo sono finalmente rivelati.

Buona lettura.

L'Editore

Introduzione

Dopo molti anni di esperienza nel settore dell'elicicoltura ho deciso di mettere tutto nero su bianco.

L'elicicoltura, questo mondo affascinante e quasi misterioso, è quel ramo della zootecnia che si occupa dell'allevamento di chiocciole.

Questi animaletti misteriosi sono tra i primi abitanti della terra e sono dotati di una spiccata intelligenza che li rende unici nel suo genere.

Si adattano a varie condizioni climatiche e sono capaci di superare anche situazioni estreme come l'assenza di cibo per molto, moltissimo tempo.

La specie di cui parleremo in questo manuale appartiene ai gasteropodi polmonari e si divide in svariate specie sparse in tutto il pianeta.

La specie HELIX è quella che viene più usata nella gastronomia ed è quella che si trova con molta facilità nelle campagne soprattutto in zone umide.

Con la sua lentezza si è fatta apprezzare da molti, ed è stata proprio la chiocciola ad essere il primo sostentamento dell'uomo sin dalla preistoria. Anche dopo i grandi conflitti mondiali, la chiocciola ha avuto un suo ruolo nella ricostruzione dell'economia e nel rispondere al fabbisogno della gente.

Proprio in questo periodo si affermano i primi impianti che danno vita a questo nuovo ramo di zootecnia che si chiama, appunto elicicoltura, anche se le tracce dei primi impianti risalgono al periodo greco e romano.

Modificata nel corso degli anni con nuove tecnologie e nuove proposte di allevamento, soprattutto in Francia e nei paesi dell'est europeo, è uno dei settori che sta prendendo piede in quasi tutto il mondo.

L'uomo da sempre ha usato i prodotti derivati della chiocciola, come la bava per curare tagli e ferite, ma anche come soluzione a problemi intestinali, oppure i gusci come integratore di calcio per gli ovipari.

Un prodotto nuovo che sta consolidando la sua presenza tra i prodotti di nicchia, conosciuto come: *"caviale bianco di lumaca"*, sta prendendo piede in Europa, America e Asia sfiorando il valore di 1.300 Euro al Kg.

Tutto ciò per dire che questo animaletto è veramente pieno di risorse, al punto che negli ultimi anni si parla tantissimo di elicicoltura e molte persone la vedono come il ***vaso di Pandora***, ma poi scoprono che non è proprio così.

Infatti, facendosi consigliare da persone inesperte o prendendo a caso notizie da internet vanno dritti contro un muro di delusioni, anticipato dalla perdita di grossi investimenti.

Questo manuale serve proprio a far capire che la chiocciola ha delle abitudini e delle necessità che la natura stessa le impone e che il futuro elicicoltore può prevenire solo conoscendole, studiando i processi e le tempistiche descritti in questo manuale.

Premetto che qui non è descritto un metodo di alleva-mento particolare ma solo presentata la vita della chiocciola in natura, tema molto importante per capire come comportarsi in un allevamento di elici- coltura, e alcuni fondamentali consigli di mercato che servono per la vendita ed altro.

I metodi di allevamento nascono dalle esigenze che si possono creare periodicamente.

L'elicicoltore deve essere poi in grado di capire che strategia adottare in caso di siccità o cambiamento climatico, che è quello che sta accadendo attualmente.

Il consiglio molto importante che dò, è quello di non improvvisare mai l'attività e iscriversi ad un corso di elicicoltura se si vuole iniziare questo tipo di lavoro.

Solo dopo, con un piccolo investimento, avviare un mini impianto per osservare come funziona ed iniziare a capire il meccanismo dell'impianto stesso.

Aprire un allevamento di chiocciole da gastronomia.
"CARATTERISTICHE DELL'UOMO":

Da molto tempo in azienda si assiste a un aumento

notevole dell'attenzione e dell'interesse di tante persone in relazione allo sviluppo del settore dell'elicicoltura. Di queste persone un'alta percentuale, vittima della frenesia e dell'impazienza del momento, ci raggiunge in azienda con alla mano preventivi e/o foto di progetti per la creazione del loro impianto personale, chiedendoci in merito consigli o risposte rassicuranti. Nella maggior parte dei casi essa rivela non solo la sfortuna di aver magari incontrato un tecnico non proprio preparato, e ciò è deducibile dai progetti medesimi, ma anche una non indifferente ignoranza in materia di elicicoltura. "Acchiappare" qualche notiziola dai media o dai siti internet, dove spesso le persone sono incitate ad aprire nuovi impianti, non è sufficiente per l'apertura e la gestione di un impianto di elicicoltura. Molte di queste persone si presentano sicure di quello che fanno e di quello che sanno e poi magari non conoscono la differenza tra "lumaca" e "chiocciola", oppure il significato del termine "ermafrodita" e cercano di far approvare dei progetti che non porteranno a nessuna remunerazione. Semmai il contrario.

Quando si presentano le caratteristiche di un'attività sarebbe più corretto esporre tutto il quadro generale, cioè sia le possibilità di guadagno che le eventuali perdite, e le problematiche che riguardano il settore.

La spinta negativa deriva pure da un fattore molto importante che è quello della disoccupazione o dell'inoccupazione, a causa delle quali molte persone decidono di investire i propri risparmi in questo settore. Innanzitutto si deve avere la consapevolezza che il mondo dell'elicicoltura richiama, oltre che a grandi sacrifici, anche grandi investimenti e attese abbastanza lunghe. Chi vuole intraprendere un percorso del genere deve affidarsi a persone competenti che sono immerse nel settore, deve affrontare dei controlli preliminari necessari per avviare la produzione, deve attuare una ricerca di mercato per vedere se il tipo di chiocciola che si vuole allevare è richiesta o meno, e molto altro ancora. Si deve diffidare principalmente dalle persone che pur non essendosene mai occupati, vogliono tentare ugualmente.

Questo lavoro è un continuo divenire, è fatica, è sacrificio e richiede impegno, passione, perseveranza e il giusto investimento monetario. Con ciò non si vuole scoraggiare la creazione di nuove figure di elicicoltori ma si vuole dare un avvertimento. Prima di fare degli investimenti notevoli bisogna:

- *che consultiate un personale qualificato*
- *che sia da molto tempo nel settore,*
- *che, quindi, abbia una certa esperienza e*
- *che goda di buona fama*

Inoltre bisogna essere consapevoli che l'attività di elicicoltura prevede il rispetto di diversi punti :

Se la domanda sale, sale anche la produzione e la concorrenza estera con costi minori e spesso anche minore qualità;

- Non comporta un lavoro saltuario: è vero che la chiocciola va in letargo per un certo periodo dell'anno, ma è anche vero che il ciclo biologico/vegetativo dell'impianto non si interrompe e quindi bisogna effettuare una manutenzione periodica, far attenzione ai vialetti, alla vegetazione che cresce dentro i recinti, ai danni fatti dai roditori, ecc...;
- L'iniziativa consente di rendere produttivi i terreni incolti. E' vero ma per fare un impianto di elicicoltura il terreno deve avere una serie di caratteristiche, come la

pendenza che favorisce il drenaggio dell'acqua (fattore quasi mai preso in considerazione);

- Non è un'attività così scontata poiché non bisogna trascurare l'impianto che ha bisogno giornalmente di essere curato. La manutenzione quotidiana è necessaria perché ci sono degli animali all'interno con particolari necessità;

- Bisogna conoscere le tecniche di allevamento, aggiornarsi e consultarsi con altri elicicoltori, fare qualche piccolo viaggio informativo, oppure richiedere informazioni a personale fidato. **Non improvvisare mai!**

- Importante è prevenire e quindi ridurre l'elevata mortalità delle chioccioline. Bisogna considerare l'intero impianto come una grossa città dove tutti hanno un ciclo vitale che consta il nascere, crescere, riprodursi e morire. Neutralizzare quindi l'eventualità di un attacco di topi, ratti, e talpe, molto dannoso per riproduttori e chioccioline. Altri pericoli sono lo STAFILINO, il CARABO, la SILFA

OBSCURA e l'ARIONIDE, le gelate improvvise, i ristagni d'acqua, i cinghiali che a volte distruggono interi recinti di riproduzione, ma anche gli uccelli rapaci e non solo. Tuttavia i nemici più pericolosi che sono invisibili, ma non per questo meno deleteri, sono le decisioni avventate prese da "elicicoltori" che non hanno la ben che minima preparazione e informazione adeguata.

L'elicicoltura non è solo il possedere un impianto fisico, ma è saper gestire tanti fattori comuni tra loro, è imparare a prendere le giuste decisioni al momento opportuno, è capire qual è la causa dei problemi, come prevenirli e come affrontarli.

Il guadagno deve essere il fine ultimo delle vostre azioni.

Giacomo Chiarelli

Chi è l'imprenditore elicicoltore?

Diventare imprenditore elicicoltore è *soprattutto una scelta di vita* che richiede tempo, impegno, sacrificio e coraggio come qualsiasi altra attività imprenditoriale.

Esistono dei corsi di formazione che servono ad arricchire il proprio bagaglio culturale ed avere così più possibilità di accendere la propria creatività e quindi riuscire ad emergere come imprenditore di successo.

L'arricchimento del proprio bagaglio avviene anche tramite il tempo impiegato al lavoro, l'esperienza accumulata e la determinazione.

Le imprese falliscono perché chi le ha realizzate non ha avuto le giuste competenze, le giuste formazioni sul settore interessato e non ha avuto un progetto per futuro, in altre parole

"non hanno avuto le giuste strategie".

Fare impresa significa essere leader, gestire le entrate e le uscite con intelligenza così da poter aiutare a sostenere i periodi più bui che sono presenti durante l'anno aziendale; ma non solo, significa pure relazionarsi con istituzioni e persone fisiche, capire i processi di cambiamento che sono sempre dietro l'angolo ed anche prevenirli, essere sempre in continua ricerca di mercato e camminare a passo con i tempi.

L'imprenditore ha sempre un margine di rischio a suo sfavore come un avvoltoio che è messo lì sempre in attesa che la preda muoia.

Solo lo studio di un giusto percorso, senza improvvisare, conduce l'imprenditore ad ottenere ottime probabilità di successo. Questo serve a gestire e prevenire gli imprevisti e i cambiamenti.

Prendere contatti con il mondo esterno e non fermarsi ai clienti del proprio territorio, per potere così ampliare il processo di produzione, studiando nuovi canali di comunicazione e trasporto moltiplicando le entrate.

L'azienda è il processo di produzione di prodotti e servizi che servono a rendere migliore la vita dei clienti.

L'imprenditore deve sapere come funziona tutto questo processo passo dopo passo dall'inizio alla fine, affinché possa intervenire in ogni sua parte e aggiustarla o modificarla all'occorrenza.

Auguro a tutti un grande "in bocca al lupo".

> Son convinto che circa la metà di ciò che separa gli imprenditori di successo da quelli che non lo hanno è la pura perseveranza.
>
> (Steve Jobs)

Le informazioni dal web: sfatare
dei miti

Ogni settimana sul profilo social della nostra azienda, sono molte le domande che ci vengono rivolte riguardanti l'apertura di un impianto di elicicoltura. Ci colpisce il fatto che queste persone, insistendo ad esempio su quale "razza di chiocciola possono allevare", basano le loro convinzioni su materiale scaricato da internet, schizzi improvvisati su carta fatti a mano libera per la collocazione di recinti, senza la minima conoscenza del mondo della chiocciola.

A volte ci troviamo di fronte a persone prevenute che ci contraddicono e ci "correggono" perché in qualche sito non hanno trovato la notizia che la chiocciola sia ermafrodita (quindi non può essere vero il fatto che lo sia) oppure ci spiegano che il nostro metodo (che non è mai stato reso noto) è sbagliato perché "l'azienda x" ha scritto che è meglio fare in un altro modo, diverso dal nostro.

Il nostro parere è che oggi un uso scorretto di internet e dei media, in generale, sta procurando non pochi danni al settore dell'elicicoltura a causa delle numerose informazioni sbagliate messe a disposizione dell'utente. Attualmente i siti che fornisco informazioni del tutto inesatte sono innumerevoli e creano un notevole scompiglio sia tra gli elicicoltori avviati, sia tra i potenziali elicicoltori.

Questi ultimi a volte si appoggiano ad aziende che danno consulenza, fanno progettazione, forniscono riproduttori e materiale vario con il solo scopo di poter far soldi e non vendendo il tradizionale prodotto degli impianti di elicicoltura.

Una delle notizie più diffuse riguarda l'esistenza di riproduttori (chioccioline di qualche mese) provenienti da diversi paesi esteri, "studiati" e opportunamente "modificati" proprio con lo scopo di moltiplicare la produzione in un semestre.

> Indagando si è scoperto che si tratta di un vero e proprio inganno.

> Il risultato: recinti pieni di chioccioline morte e di vermi che si cibano delle carcasse in putrefazione.

Le persone che vogliono intraprendere questo lavoro e cercano informazioni su siti spazzatura, guardano solamente al "guadagno", quindi collegandosi a internet scaricano tutto il materiale che indica come costruire ed avviare un impianto senza però preoccuparsi di come portarlo avanti.

Molto spesso questi siti sono gestiti da aziende che hanno solo qualche piccola esperienza nel settore, a volte anche di pochissimi mesi, mettono materiale fotografico che appartiene ad altre aziende, rivelano teorie che non sono comprovate o che sono frutto di una breve esperienza sul campo, magari andata a male e trasformata in un buon risultato. Così vengono diffusi metodi di allevamento inefficienti, che a volte portano al completo declino economico dell'azienda e della persona stessa, allettata da guadagni veloci, facili e consistenti.

La rivista "ELICICOLTURA" riporta la storia di un gruppo di elicicoltori dell'Europa orientale che si è lasciato trasportare da siti che vendevano chioccioline per l'ingrasso, promettendo così ottimi e veloci guadagni. Il danno è stato di oltre 150.000,00 euro, una cifra abbastanza ingente.

QUESTO TIPO di attività viene spesso presentata in modo ammaliante facendo credere che i guadagni arrivino subito, portando le persone a realizzare impianti improduttivi con notevoli investimenti per poi chiudere tutto dopo pochissimo tempo per incapacità di gestione.

Ovviamente non facciamo di tutta l'erba un fascio!

Una vecchia storiella tedesca è esplicativa dello sviluppo delle pizzerie in Germania:"Un italiano va a Stoccarda e notando la totale assenza di pizzerie decide di aprirne una. Dopo un anno emigra a Stoccarda un altro italiano e vedendo che la pizzeria del suo compaesano va bene decide di aprirla anche lui nella stessa città. Dopo un altro anno ancora un terzo italiano, sempre a Stoccarda, vedendo che le pizzerie dei suoi compaesani vanno molto bene decide di aprirne una terza. Contemporaneamente in Sicilia arriva un tedesco e, vedendo che ci sono numerose pizzerie, decide di trasferirsi in Sicilia e avviare un'azienda che produce würstel per rifornire le pizzerie. Dopo due anni un altro tedesco lo raggiunge e, vedendo che l'attività del suo predecessore è ben avviata, decide anche lui di trasferirsi e di aprire un'azienda che produce mozzarelle per venderle alle pizzerie. Tempo dopo un terzo tedesco, attratto dai profitti dei due connazionali, trasferitosi anche lui in Sicilia, decide di creare una fungaia per vendere funghi alle pizzerie.

Il messaggio: non per forza tutti dobbiamo fare lo stesso lavoro. Si deve pensare a quello che manca, specializzarsi, rimboccarsi le maniche e lavorare duramente per realizzarsi.

In Sicilia soprattutto, sono molti i settori completamente abbandonati ma che con la giusta preparazione, ed un pizzico di buona volontà, possono davvero risultare molto fruttuosi e remunerativi.

" Non per forza dobbiamo essere tutti elicicoltori!

Storia della chiocciola

Conosciuta da milioni di anni, la chiocciola, o volgarmente chiamata lumaca, è stata uno dei primi alimenti dell'uomo. Romani e greci furono i primi a sviluppare le più arcaiche tecniche di impianti di elicicoltura con sistemi di recinti in muratura o con chiocciole allevate dentro a dei grossi canestri di disa coperti con erba e paglia e messi in un luogo fresco per mantenerne la temperatura. Essendo considerato un alimento ricco di proteine era consumato solo dai membri dei ceti medio-bassi fino a quando, nel 1800, il ministro francese Talleyrand le fece servire allo Zar di tutte le Russie, divenendo così un piatto prelibato per i migliori palati.

In Italia rimase per molto tempo un piatto per poveri,

ma negli ultimi tempi si sta riscoprendo questo alimento come una prelibatezza grazie al suo gusto e alla sua qualità. In Italia dopo la seconda guerra mondiale si svilupparono molti e diversi allevamenti che servirono sostanzialmente per il fabbisogno giornaliero delle persone che dovevano rimettere su il paese. Nascevano allevamenti ovunque; si allevavano polli, maiali, conigli e anche galline ovaiole.

Ma solo molto tempo dopo si cominciò ad allevare chiocciole per la gastronomia e questo portò a una rivoluzione in tutto il paese e nel sistema di allevamento zootecnico.

Lo Sviluppo

Negli ultimi decenni l'elicicoltura si sta affermando come uno dei settori agricoli più redditizi. Purtroppo però nonostante la richiesta sul mercato sia importante, in Italia ogni anno sono molti gli impianti che chiudono per fallimento, causato in primis dalla disinformazione, che porta non solo allo spreco dei propri risparmi, investendo in un mondo totalmente sconosciuto, ma anche a una cattiva gestione dello stesso, che di conseguenza non sarà produttivo ma distruttivo della propria economia personale.

Questa situazione ha alimentato le dicerie secondo la quale l'elicicoltura è un mestiere che non porta nessun tipo di retribuzione. Questa affermazione merita una smentita.

L'elicicoltura è riconosciuta come settore agricolo che fa parte della branca della zootecnia, gode di leggi a tutela delle chiocciole e per lo sviluppo di questa attività, e oggi in Italia consta all'incirca di 7.500 ettari di impianti.

Come per molti nuovi settori in espansione, negli ultimi anni il consumo è di gran lunga aumentato anche se il fabbisogno nazionale è minore della produzione interna. Infatti dal 2008 si è registrato il 72% di esportazione dall'estero.

La carne di chiocciola viene utilizzata in alcune diete perché ha un buon apporto proteico (12,7%) e favorisce l'eliminazione del colesterolo dall'organismo.

Attenzione! Il lavoro dell'elicicoltore non è un lavoro per tutti. L'elicicoltore necessita di una certa preparazione, come per qualsiasi altro campo dell'agricoltura, e la pratica e l'esperienza non sono altro che la ciliegina sulla torta.

PER INTRAPRENDERE una buona attività bisogna sapere che in questo campo ci sono:

- Investimenti contenuti
- Bassi costi di produzione
- Impegno e tempo per la gestione
- Domanda in forte espansione
- Diminuzione di raccolta di chiocciole in natura
- Possibilità di rendere produttivi terreni abbandonati
- Possibilità di vendita a privati, rivenditori, ristoratori, etc.

*I rischi che si corrono in questa
attività si hanno quando:*

- Si improvvisa l'attività senza un minimo di conoscenza
- Si conta su immediate riuscite
- Si ha un'elevata mortalità iniziale tra le chiocciole
- Non si considera che l'attività è soggetta alle condizioni atmosferiche.

Descrizione e Anatomia

L a lumaca, o per essere più precisi, la chiocciola è un magnifico animale.

Nonostante abbia dimensioni ridotte, essa gode di una particolare intelligenza. Lenta ma furba, la sua vita è difficile e pericolosissima a causa proprio della sua lentezza. Nonostante ciò riesce a sopravvivere in condizioni estreme come la siccità, la mancanza di cibo e condizioni atmosferiche avverse. Tuttavia non è invulnerabile. Questo animale è molto delicato e molto esigente.

È un mollusco privo di scheletro ed appartiene alla famiglia dei GASTEROPODI POLMONATI o detti anche STILOMMATOFORI.

Tutto il suo sistema nervoso ha come capo i quattro tentacoli che si trovano nella testa.

> Curiosità: La chiocciola molto spesso viene chiamata "lumaca", cioè il gasteropode che appartiene alla famiglia dei limacidi. Invece essa si distingue dalla lumaca proprio dalla conchiglia sul dorso.

LA SUA VITA ha una durata compresa tra i 6 e gli 8 anni, e trascorre la metà di questo tempo in letargo o in quiescenza, (cioè dorme per qualche giorno o settimana sospendendo i processi vitali e poi si sveglia per le sue necessità).

> Curiosità: La chiocciola in letargo può abbassare i battiti cardiaci fino a sei in un'ora. Il sangue è privo di globuli rossi e a contatto con l'aria acquista un colorito blu. Questo fenomeno è dato dalla presenza dell'emocianina, una metallo proteina, simile all'emoglobina, presente nei molluschi, solo che l'emoglobina è

ricca di ferro invece l'emocianina è ricca di rame.

L'ALTRA METÀ della sua vita la dedica al pascolo e alla riproduzione.

LA CHIOCCIOLA non è un animale cieco, ma è molto miope. Riesce a distinguere i colori e sa anche riconoscere gli ostacoli. Ma ha un campo visivo ridotto, all'incirca di qualche metro, e vede tutto sfocato.

HA I SENSI DEL GUSTO, dell'odorato e del tatto, quest'ultimo sviluppatissimo.

La testa è dotata di quattro tentacoli sensibilissimi che quando vengono sfiorati subito si ritirano e scompaiono all'interno della faccia. Sono due coppie di diverse dimensioni, una più piccola e una più grande. Le più grandi costituiscono la coppia di tentacoli superiori dove vi è collocato il sistema visivo.

ALLA BASE di questi tentacoli vi è situata una coppia di sfere cave dette STOMACISTI che servono a regolare la posizione, l'orientamento e l'equilibrio. Al di sotto a questo vi sono il naso e la bocca.

LA BOCCA È COMPOSTA da una **RADULA**, una lingua dentata. Questa lingua ha la funzione di incastrare il cibo tra essa stessa e la mandibola superiore, dando il via ad un processo di limatura del cibo. Quando il cibo viene completamente macinato e mescolato con la bava, viene spinto nell'esofago facendo iniziare il successivo processo di digestione.

UN ALTRO ORGANO importantissimo della chiocciola è il **PIEDE**.

Si trova alla base di tutto il sistema, ed è il muscolo che permette la deambulazione dell'animale.

LA CHIOCCIOLA HA un'andatura di pochi cm al

minuto e questo lo deve grazie alla **LIMACINA**, un liquido che ha il compito di facilitare lo spostamento, anche in posizioni verticali o inclinate, a testa in giù, o di muoversi su qualsiasi tipo di pavimento. Questo liquido ha anche il compito di cicatrizzare veloce-mente eventuali ferite procurate.

LA CHIOCCIOLA È in grado di passare sopra qual-siasi superficie grazie alla lubrificazione della lima-cina. L'unico ostacolo che non riesce a superare è costituito dagli sfarinati, farina o gesso in polvere o cenere, perché non ha aderenza.

Curiosità: Quando ero piccolo e mio nonno mi portava nell'orto usava spesso portare con se un secchio pieno di cenere che sistemava in cerchio attorno alle piantine. Questo sistema, ancora tutt'oggi utilizzato, serve per non far attaccare le foglie degli ortaggi da lumache o chiocciole. La cenere rappresenta un ostacolo per la loro aderenza e così non osano avventurarsi.

SUL FIANCO DESTRO vicino alla testa, vi sono gli **ORGANI GENITALI**, invece in prossimità della conchiglia vi è l'**ANO**. È ermafrodita insufficiente, ciò vuol dire che ha in sé l'apparato sessuale maschile e femminile, ma ciò non permette l'autofecondazione.

ALL'INTERNO DELLA CHIOCCIOLA subito dopo il **PERISTOMA** si trova una copertura di protezione che prende il nome di **MANTELLO**.

Esso protegge il **SACCO DEI VISCERI** che si articola in una spirale che si protende verso l'interno arrotondandosi ad un asse **COLUMELLARE** della conchiglia. All'interno vi sono: fegato, rene, cuore ed intestino. Il polmone invece si trova tra il sacco e la parte superiore della conchiglia.

" *Curiosità: Molto spesso in azienda vengono persone convinte che la chiocciola abbia due cuori come alcuni crostacei.*

La chiocciola, invece, possiede un solo polmone, un solo cuore ed un solo rene.

È il mantello che dà forma alla conchiglia emettendo una **secrezione calcarea** che a contatto con l'aria si indurisce . Man mano che il mantello all'interno della chiocciola cresce, cresce la conchiglia dando forma alla chiocciola. Il processo di secrezione si interrompe quando la chiocciola è in letargo. Oltre a far crescere la conchiglia questa secrezione serve anche a riparare eventuali rotture del guscio.

Col passare del tempo la conchiglia si ingrandisce e si indurisce. Anche quando la chiocciola ha raggiunto la sua massima espansione, il mantello genera questa secrezione e la conchiglia al posto di ingrandirsi si irrobustisce e diventa anche più spessa.

Ogni volta che la chiocciola ricomincia il pascolo il mantello riprende a riprodurre la secrezione e sulla conchiglia si forma una **LINEA DI ACCRESCIMENTO** che a loro volta danno origine al disegno delle **SPIRE** che girano in senso orario.

La crescita della conchiglia parte dall'apertura dalla

quale esce il piede e si chiama **STOMA**. Il bordo di tale apertura si chiama **PERISTOMA.**

Curiosità: se si riescono a contare tutte le spire della chiocciola, si può capire l'età della chiocciola stessa. Il mantello costruisce la conchiglia ma quest'ultima non è attaccata ad esso. È grazie al **MUSCOLO COLUMELLARE** *che si ha l'azione di trasporto della conchiglia perché è attorcigliato* **all'asse Columellare.**

6

Varietà di chiocciole

Le chiocciole, come già detto, appartengono alla classe dei gasteropodi polmonati e quelle più adatte alla realizzazione degli allevamenti da gastronomia sono quelle facenti parte della specie **HELIX.**

A questa specie appartengono:

- HELIX POMATIA
- HELIX ASPERSA MAXIMA e MÜLLER
- HELIX APERTA
- HELIX LUCORUM
- EUBONIA VERMICULATA
- TEBA PISANA

- ACHATINA FULICA

HELIX POMATIA

Tra le chiocciole che si trovano in Europa, lei è la più grande. La sua conchiglia può arrivare a misurare da 35 a 55 mm di lunghezza e da 30 a 50 mm d'altezza. La sua presenza è molto evidenziata nelle alpi dove il terreno è ricco di calcio. Il colore della conchiglia va dal fulvo al marrone chiaro, con striature irregolari. Come tutte le altre chiocciole anche lei, se sta troppo esposta al sole, il colore della sua conchiglia si scolorisce. Ha una forma bombata ed è segnata da tre suture ben visibili che finiscono nel peristoma.

Ha un corpo tozzo, il colore della sua carne è chiaro e dal punto di vista gastronomico ha un buon sapore.

In Italia si trova nelle regioni del nord e centro della penisola. Molto spesso la si trova nei vigneti (proprio per questo è stata soprannominata **VIGNAIOLA**).

Predilige le zone fresche, umide ed ombreggiate ed i terreni pieni di calcio.

Va in letargo in autunno e si risveglia in primavere inoltrata; prima del letargo costruisce un opercolo duro che la protegge da attacchi parassitari e sbalzi di temperatura. In primavera quando esce dal letargo si accoppia e poi depone uova (20 - 50) di un colore opaco e di un diametro massimo di 6 mm.

Molto spesso depone le uova anche due volte l'anno.

HELIX ASPERSA

Anche se simili nell'aspetto, questa chiocciola non ha le stesse caratteristiche della Vignaiola.

Ha una conchiglia che misura da 20 a 35 mm di lunghezza e da 25 a 40 mm d'altezza. In zone con un habitat adeguato gli esemplari possono arrivare a misurare molto di più.

Ha un colore giallo molto scuro ed a causa di alcune striatura nere sembra in un primo momento che sia di colore marrone. Ha una forma della conchiglia simile alla Pomatia ma non ha delle suture accentuate che marcano il verso della spirale. Il corpo è di colore chiaro per la Maxima e più scuro per la Müller.

Ha una carne ottima anche se ha un valore commerciale inferiore a quello della Pomatia.

Questo tipo di chiocciola non si opercola subito durante i mesi di letargo, perché può trovare delle condizioni favorevoli per poter uscire e prolungare il pascolo. Pascola quasi esclusivamente durante le ore notturne ed il suo habitat è costituito da giardini, parchi e zone coltivate dove si trovano i germogli o gli ortaggi di cui lei è ghiotta.

Si trova in Calabria, Sicilia e in tutta l'Italia meridionale. Ama le zone soleggiate ma non sopporta il caldo torrido.

Va in semi quiescenza estiva ed invernale, significa che non va in letargo ma che si può svegliare per pascolare durante il suo riposo, se le giornate lo permettono. Proprio per questo motivo si protegge con un opercolo bianco che non è robusto come quello della Pomatia. Nell'arco dell'anno arriva a deporre anche 120 uova, di diametro compreso tra i 4 – 4,5 mm e di colore perlaceo.

HELIX APERTA

Conosciuta molto spesso anche col nome di "Monacella", "cozza di terra" o "Munacia" in siciliano, è una chiocciola che vive nelle aree dell'Italia meridionale ed insulare. Le sue caratteristiche sono simili all'-Helix Pomatia ma sono presenti in maniera meno marcata a causa della loro scelta del luogo in cui vivere. Vivono nelle vicinanze di valloni in terreni scoscesi e a ridosso di corsi d'acqua dove è difficile per l'uomo arrivarci.

Ha un peso che si aggira attorno ai 6-9 gr. L'opercolo che viene costruito nel periodo estivo è molto spesso ed è di un colore marrone molto scuro e presenta una bombatura verso l'esterno. Il guscio simile a quello della Pomatia, è molto fragile sottile ed è anche monocromatico.

HELIX LUCORUM

Chiamata anche "Vignaiola scura", è una chiocciola che presenta una grossa mole (circa 20-25 gr).

La carne è di colore più scuro rispetto a quella della Pomatia.

La conchiglia presenta quattro spire che girano in senso orario, ognuna ha delle diverse tonalità di marrone, dal più chiaro al più scuro, e con numerose fasce scure che sembrano spezzare il verso delle spire di colore marrone.

EUBONIA VERMICULATA

Chiamata anche "Rigatella", è una chiocciola che ama la temperatura mite e la si trova con molta facilità nella costa tirrenica e nelle isole. Il guscio misura all'incirca 15 – 20 mm ha un colore bianco e presenta una fascia di colore marrone chiaro che parte dal centro columellare della spirale ed arriva al bordo. Il guscio è robusto ma non è grosso come il guscio dell'Aspersa Maxima e Muller, bensì è stretto e allungato.

Ha un sapore dolce e delicato, ed è utilizzata soprattutto in Sicilia, dove è chiamata anche "U Babbaluci".

THEBA PISANA

È la più piccola delle chiocciole.

Ha un diametro di circa 3 – 4 mm.

Come la Vermiculata essa si trova nelle isole e nelle aree tirreniche (tranne al nord Italia).

Il suo guscio di colore biancastro può presentare una

striscia molto fine di colore marrone chiaro, ma il più delle volte il guscio è bianco.

Nonostante le sue dimensioni molto ridotte, sembra non soffra il caldo, infatti d'estate la si può trovare attaccata alle piante di alto fusto e ai piccoli canneti ai margini delle strade.

Il gusto è simile a quello della Vermiculata e viene usato per condire sughi e secondi piatti.

Pur essendo una chiocciola proveniente dalle maggiori isole italiane è molto apprezzata nel Lazio e in gran parte delle regioni del nord Italia.

ACHATINA FULICA

È una chiocciola esotica, di provenienza africana, sud americana ed asiatica.

Il guscio può misurare da 15 a 20 cm e può raggiungere un peso di diversi etti; il guscio è di colore marrone con striature trasversali di colore marrone più scure di forma conoidale molto allungata e molto resistente.

È commestibile, tuttavia non ha un buon sapore. Nonostante ciò, soprattutto in Africa, viene cacciata, dalle popolazioni delle tribù, con frequenza, perché ha molte proteine.

Questa è una chiocciola molto combattuta dall'uomo nelle zone in cui essa vive perché essendo molto vorace attacca le coltivazioni distruggendole completamente e provocando danni alle colture. Ha un olfatto molto sviluppato e capisce anche a distanza se ci sono ortaggi da poter mangiare. È molto prolifera ed anche per questo motivo non dà pace alle colture ed ai contadini. Può deporre le uova anche 4 volte l'anno e ogni volta ne depone circa 250 – 300.

7

La Chiocciola in Natura

La chiocciola la si trova in qualunque parte del mondo, dalle zone più calde alle più fredde (tranne ai poli), dalla terraferma al mare ed anche in alta montagna.

Si adatta, anche se non con molta facilità, a quasi tutti i tipi di territori circostanti appartandosi in una porzione di terreno e mettendosi al riparo da agenti avversi al suo fabbisogno.

LA PRESENZA della chiocciola è un anello fondamentale della catena del sistema naturale e se sparisse provocherebbe dei danni molto gravi per l'uomo. Questo animaletto è anche fondamentale per la crescita di alcune piante; le feci che produce sono un buon concime per la natura, inoltre è in grado di compiere il processo di impollinazione.

Nonostante tutto, questo mollusco, ricopre una posizione bassa della catena alimentare, cadendo preda così di molti nemici che approfittano della sua lentezza per cibarsene.

TRA i suoi predatori più spietati troviamo:

L'UOMO CHE, ignorante o incurante dei possibili danni ambientali che può causare, raccoglie in natura tutto quello che trova comprese le chioccioline neonate, causando così una brusca interruzione del vitale ciclo riproduttivo della chiocciola stessa. Oltre alla raccolta, l'uomo le combatte con veleni per difendere così le sue colture o i suoi orti.

La vita della chiocciola, come la vita di ogni essere vivente sulla terra è regolata ed è "gestita" dalla presenza dell'acqua.

In natura la chiocciola la riceve con gli agenti atmosferici o con i corsi naturali di acqua. La sua presenza influenza moltissimo la vita di questo animaletto.

Con l'acqua nascono le erbette che servono per il rifocillamento e servono pure a dare energia per la riproduzione ed il letargo. Inoltre con l'acqua nasce la vegetazione che fornisce protezione da agenti atmosferici e dai raggi solari.

Per ultimo, ma non meno importante, l'acqua è fonte di idratazione per la chiocciola che l'assume in modo da poter attivare anche il *mantello* per la produzione di *limacina*. Inoltre senza l'acqua la chiocciola morirebbe disidratata.

La chiocciola è un animale paziente. Infatti aspetta l'estate per svolgere le sue attività nelle zone fredde e l'inverno per svolgere le sue attività nelle zone calde.

Questo perché la chiocciola ama vivere la vita comoda e tranquilla e in questo modo può procurarsi riparo e cibo.

Questi molluschi sono vegetariani, salvo rarissime eccezioni costituite da alcuni generi onnivori che mangiano altre chiocciole di un genere diverso dal proprio.

Nella loro dieta si trova un elemento essenziale che è il calcio che è di estrema importanza per la formazione della conchiglia, della sacca che protegge le uova dopo la deposizione e dell'opercolo. Può essere assunto attraverso le piante, quindi dal cibo, dall'acqua e dal terreno.

La lista di piante di cui sono ghiotte è lunghissima. Alcune piante, che sono nocive per l'uomo, possono essere invece i loro cibi preferiti.

La preferenza dei vegetali cambia in base alla zona geografica e alla specie della chiocciola:

- le piante basse a foglia liscia
- le piante alte a foglia liscia

Le piante grasse sono fonti di oli e proteine, di principi azotati, amminoacidi, proteine, sali minerali, vitamine e soprattutto calcio; tutto quello che serve per il fabbisogno della chiocciola stessa.

8

Ciclo Vitale di una Chiocciola

I*n questa parte del libro descriverò il ciclo completo che la chiocciola HELIX ASPERSA MAXIMA compie nei nostri impianti all'aperto.*

L'HELIX ASPERSA MAXIMA è la tipologia di chiocciole trattata dalla nostra azienda.

La chiocciola, come tutti gli animali, per sopravvivere in natura usa al 100% il suo istinto.

Ora vediamo come si comporta in natura e quali sono le sue routine giornaliere.

Premesso che le chiocciole che seguiamo nel nostro piccolo impianto si comportano in modo differente l'una dall'altra. Ma in linea di massima tutte seguono uno stesso schema. Ovviamente non ci siamo messi ad osservarle una ad una, tuttavia, osserviamo il loro comportamento in base al cambiamento delle stagioni, gli agenti atmosferici e gli orari della giornata.

Ecco rappresentate le fasi del ciclo vitale all'aperto delle chiocciole HELIX ASPERSA MAXIMA:

RISVEGLIO DAL LETARGO

Durante le notti molto umide primaverili, sotto un piccolo cumulo di terra e foglie vi è una piccola chiocciola che si prepara ad uscire dalla sua dimora invernale.

La chiocciola, aiutandosi col piede e spingendo verso il basso, riemerge solo di notte quando non può essere raggiunta dai raggi solari e quindi correre il pericolo di una disidratazione che la può indurre alla morte.

Scrollandosi, con delicati movimenti, il terriccio dalla conchiglia, comincia a guardarsi intorno per sondare il terreno e prevedere eventuali attacchi nemici.

Facendo un giro di perlustrazione attorno al nascondiglio e assicurandosi che non vi è nessun pericolo, tranquilla ma sempre in allerta, si mette alla ricerca di un buon posto sicuro per pascolare.

In primavera non è poi tanto difficile trovare erbette e verdure e lei va a scegliere le erbette tenere e profumate in modo tale da non sprecare molta energia con foglie grosse e dure da masticare. Soprattutto va a cercare i germogli che servono per il recupero di energie consumate durante il periodo invernale per il letargo.

In primavera tutte le erbette e le verdure hanno per la chiocciola un particolare odore e sapore, soprattutto il tarassaco di cui la chiocciola è ghiotta e che mangia con molto piacere. Col cibo che riesce a recuperare la chiocciola acquista di nuovo calcio e proteine che servono per il fabbisogno giornaliero, ma anche per riattivare alcune funzioni che durante il letargo si sono interrotte. Così il mantello che è attorcigliato all'asse columellare, ricevendo calcio, può ricominciare a produrre secrezione e fare in modo che riprenda la ricrescita della conchiglia per i prossimi sei mesi.

Il pascolo si alterna con la quiescenza che può avere la durata di alcuni giorni oppure di qualche settimana, per tutto il periodo che va da aprile a fine settembre. Sia per il caldo, che per pericoli vari, la chiocciola preferisce mangiare di notte che di giorno e sempre in luoghi apparentemente sicuri perlustrati da lei stessa in precedenza.

In alcune zone geografiche può capitare che la notte l'aumento di umidità spinga la chiocciola ad uscire allo scoperto andando ad attraversare zone non conosciute ed essere catturate da predatori o addirittura attraversare pericolosi posti come le strade, rischiando di essere investite. Per non morire soffocata, essa si sposta in zone più aperte dove c'è anche una lieve brezza d'aria che aiuta la chiocciola a respirare.

Questo è uno dei pochi motivi che induce la chiocciola a lasciare il suo nascondiglio sicuro, ad esporsi a pericoli esterni, come i predatori, ma nonostante tutto, pascola prevalentemente di notte ed è molto raro notarla durante i giorni di primavera o d'estate.

RIPRODUZIONE

La chiocciola è ermafrodita insufficiente, e ha bisogno di un altro compagno per l'accoppiamento e quindi per la fecondazione.

Nel periodo di primavera la chiocciola, mentre continua la sua attività di pascolo, è nervosa e avverte un leggero senso di irrequietezza. Capisce che c'è qualcosa che non va o deve essere compiuto.

Si mette così alla ricerca lasciandosi guidare dall'istinto. Allontanandosi di molto e per molto tempo dal suo nascondiglio, trova un'altra chiocciola e le va incontro con i tentacoli tesi; anche l'altra chiocciola fa lo stesso con lei .

Per le due comincia il corteggiamento:

Le due si sfiorano e cominciano a strusciarsi lungo tutto un fianco della conchiglia e iniziando a girarsi attorno formano dei cerchi concentrici completi. Poi ripetono il processo al contrario.

In questo modo si lasciano andare in una danza di corteggiamento che può durare anche alcune ore.

Non è detto che la danza di corteggiamento abbia

successo.

La chiocciola è molto precisa sulla scelta del compagno e se qualcosa non va durante il corteggiamento si allontanano tutte e due alla ricerca di un altro corteggiatore.

"non si concede mai al primo incontro".

Quando la danza finisce rimangono assieme per molto tempo. Nei giorni successivi alla danza di corteggiamento i due si abituano alla presenza dell'altro e convivono nello stesso posto pascolando assieme. In un determinato momento, non precisato, si avvicinano e si mettono di fronte, come per guardarsi in faccia.

Toccandosi con la parte frontale dove è collocata la testa sembra si scambino un "bacio" che porta loro a mettersi in posizioni strane come quella eretta che le fa stare letteralmente in piedi con i tentacoli interamente tesi.

A uno dei due, dall'apparato riproduttore, fuoriesce un dardo di calcare che va ad infilarsi nell'apparato riproduttore dell'altro.

I due soggetti ricoprono il dardo con il loro pene, unendosi.

In sintonia e molto lentamente si scambiano i fluidi per la fecondazione facendo durare il processo di fecondazione da alcune ore ad una giornata intera.

La fecondazione avviene in tutte e due le chiocciole perché, come detto sopra, le chiocciole sono ermafrodite insufficienti.

Terminata la fase dell'accoppiamento il dardo viene abbandonato dai due soggetti e la chiocciola inizia così la fase della fecondazione degli ovuli per far sì che diventino uova.

DEPOSIZIONE

Nel frattempo la chiocciola si alimenta con germogli e piante dalle foglie tenere così da poter recuperare in fretta le forze impiegate per l'accoppiamento e si prepara alla deposizione delle uova, fase molto importante e molto faticosa.

Dopo alcuni giorni di pascolo, la chiocciola va alla ricerca di un posto sicuro e scava un buco in un terreno morbido, sfruttando le contrazioni del muscolo del piede, con una profondità di circa 5 cm, a forma di goccia, posizionato al riparo dal sole e da eventuali predatori.

Facendo un ultimo giro per assicurarsi che non ci siano pericoli che possano sorprenderla durante la deposizione, si sistema sul ciglio del buco con la testa infilata al suo interno, e posiziona l'ovidotto in modo che le uova cadano all'interno senza toccare le pareti.

Questo processo può durare anche 48 ore durante le quali la chiocciola consuma molte energie. Per questo motivo va alla ricerca di germogli e di piante a foglia tenera in modo da recuperare le forze e ritornare alla deposizione.

Le uova cadono nel fondo del nido accompagnati da un sottile filamento di bava, uno accanto all'altro o sopra l'altro, e vengono ricoperte da una pellicola vischiosa protettrice che forma una sacca unendosi con la pellicola delle altre uova.

La chiocciola ne depone circa quaranta per ogni ciclo.

Quando termina il processo, la chiocciola ricopre tutto con il terreno in eccesso sottratto per fare il

buco, così da proteggere le uova dai possibili predatori e dai raggi solari e si allontana per andare a
cercare cibo e recuperare le forze.

Da questo momento in poi non si prenderà più cura
dei suoi figlioletti e li lascerà alla loro sorte.

La chiocciola continua la sua attività di pascolo col
nuovo compagno, presumibilmente fino al prossimo
accoppiamento, e durante questo periodo la sua
conchiglia raggiungerà la massima estensione; il
mantello produrrà sempre le secrezioni così da fare
irrobustire la conchiglia e farla diventare molto più
spessa e dura.

Riferendosi ad una chiocciola di sei mesi, e inseren-
dola all'interno di un ciclo riproduttivo, come
descritto sopra, si vedrà che essa si accoppierà in
media altre quattro-cinque volte nel resto della sua
vita cioè prima di costruire l'ultimo opercolo, impri-
gionarsi nel suo guscio e morirvi al suo interno.

SCHIUSA

Dopo 15-16 giorni, dentro ad ogni uovo si formerà
una lumachina che è già dotata di bocca ed intestino,
che le permetteranno di nutrirsi del guscio dell'uovo

che li contiene, ricchissimo di proteine e calcio, e poi comincerà successivamente a mangiare la terra circostante. In questo modo crescerà e avrà la possibilità di costruire una conchiglia inizialmente di colore perlaceo che costituirà il suo primo rifugio protettivo, nonché nucleo della sua casa.

Dopo 30-40 giorni dalla nascita la chiocciola comincerà ad interagire con il mondo esterno al suo nido, andando in esplorazione prevalentemente di notte.

Considerando che questa fase si svolge in piena estate, l'esplorazione può avvenire anche di giorno ma deve esserci forte umidità e cielo molto nuvoloso.

Dato che i raggi solari riscaldano indirettamente il terreno, la chiocciola, percependo lo sbalzo di temperatura, rimane sottoterra fino a quando il sole non tramonta, quindi riesce ad avere una mera percezione dell'alternarsi delle ore diurne e notturne.

Dopo il tramonto, quando l'aria si sarà rinfrescata, la chiocciolina esce dal nido e comincia ad ambientarsi nel nuovo mondo, innanzitutto cercando un riparo sicuro, all'ombra, al fresco e con sufficiente pendenza per un eventuale acquazzone estivo. Quando trova la giusta sistemazione, comincia a cercare cibo per recuperare le forze ed acquistare altre proteine e calcio per far ingrandire velocemente la propria conchiglia. Mangia per tutta la notte e poi prima che sorga il sole, ritorna subito nel suo nascondiglio per ripararsi dai raggi solari, pericolosi perché la portano ad una velocissima disidratazione e quindi a morte certa.

Continuando con questo metodo (rifornirsi la notte e rifugiarsi il giorno) la chiocciolina riuscirà a superare il periodo estivo con una bella e spessa conchiglia e un peso di 3-4 grammi.

LETARGO

Quando l'estate è inoltrata, la chiocciolina sa di doversi sbrigare per procurarsi tutto il cibo che le serve per formarsi una bella e robusta conchiglia, aumentando di gran lunga le sue possibilità di superare il periodo del letargo.

Sente l'esigenza di raggiungere un rifugio sicuro per potere passare le stagioni fredde e lo cerca solo di notte quando è anche impegnata a mangiare per recuperare le energie, costruirsi una conchiglia robusta e prepararsi all'inverno.

Il caldo, il vento secco, il terreno caldo e la scarsa

umidità portano non pochi problemi alla chiocciola che è costretta molto spesso ad uscire di notte e a svolgere tanti compiti tutti insieme. Inoltre, lunghi periodi di siccità in estate, oppure un inaspettato abbassamento di temperatura di molto della media stagionale, costringono la chiocciola ad aspettare pazientemente in luoghi ombrosi, costruendo appositamente un epifragma (cioè una barriera protettiva) temporaneo pronto ad essere rotto quando le condizioni saranno favorevoli. (L'arrivo dell'autunno)

Con l'arrivo delle prime piogge, che annunciano la stagione autunnale, la chiocciola ritorna di nuovo al pascolo ad incamerare proteine e calcio che le serviranno per il lungo inverno. In questo periodo è anche più tranquilla, perché molti predatori sono già in letargo o si preparano per andarci, ma lei, comunque, è sempre allerta e vigile pronta a scrutare i movimenti della zona circostante. In questa fase le foglie che bruca sono acchiappate da una radula situata nel sistema boccale e vengono macinate per bene ed insalivate per bene prima di essere portate all'intestino.

In questo periodo la chiocciolina, che avrà preso qualche grammo in più e avrà aggiunto anche qualche nuova spira nella sua conchiglia, sarà visibilmente più grande e più robusta e andrà a cercare un posto sicuro per trascorrere serenamente il periodo del letargo o di quiescenze.

Durante il pascolo estivo la chiocciola si dedicherà maggiormente a cercare un rifugio e quando lo troverà non si allontanerà mai completamente da esso fino all'arrivo dell'Autunno.

A questo punto, dopo essersi rifocillata, incomincia la sistemazione del nascondiglio e fa in modo che il terreno ricopra la gran parte della sua conchiglia.

Prima di insediarsi darà inizio allo spurgamento cioè ripulisce tutto l'intestino ed espelle tutte le feci dal proprio organismo.

Nella fase successiva ritorna dentro il buco scavato precedentemente, dedicandosi completamente alla costruzione di un opercolo duro e resistente, sistemato come porta all'ingresso dello stoma ed è perfettamente sigillato. L'opercolo è duro ed è molto spesso, circa 1,5 mm . Dentro la conchiglia, ormai sigillata, la chiocciola costruisce due compartimenti di 2 mm per una riserva d'aria pulita.

Finito questo lavoro lei si ritira nella parte più

interna della conchiglia e si abbandona a un sonno profondo.

Durante tutto l'inverno, le intemperie, l'acqua, la neve, il vento, ecc. ricoprono il guscio della chiocciola con terreno, foglie e altri elementi della natura, ma la chiocciola rimane al sicuro dentro la sua "fortezza" di calcare .

Nella fase del letargo tutte le funzioni vitali si abbassano.

Il mantello durante il periodo di letargo non produce più secrezione, il cuore diminuisce i battiti portandoli anche a 4 battiti l'ora facendo diminuire così il consumo di ossigeno e la produzione di anidride carbonica. C'è da dire che se fuori il clima subisce dei cambiamenti e la temperatura è favorevole, la chiocciola esce e ne approfitta per fare un buon pascolo.

Curiosità: Molto spesso d'inverno, quando ci sono delle belle giornate, vediamo le nostre chiocciole uscire fuori dai loro nascondigli e arrampicarsi sulle foglie dei cavoli a prendere il sole. Questo significa che hanno interrotto il loro riposo e ne approfittano per pascolare.

DURANTE IL LETARGO la gestione dell'aria è vitale per la chiocciola; quando essa sta per finire mangia l'epifragma più interno e ne libera l'aria immagazzinata e così si rimette a dormire riabbassando tutte le funzioni vitali e risparmiando energia e ossigeno. Stessa sorte tocca al secondo epifragma così che la chiocciola rimane solo con l'opercolo a proteggerla, separandola dall'ambiente esterno.

Quando arriva la primavera e le temperature si stabilizzano attorno ai 15 ° C, la chiocciola emette una mucillagine che serve per ammorbidire l'opercolo e far fuoriuscire la chiocciola. Gli smottamenti del terreno hanno contribuito non solo alla protezione dell'animale, ma anche alla sua alimentazione, poiché i venti avranno portato vicino al nascondiglio dei semi che sono diventati germogli ed erbette profumate che costituiscono per la chiocciola una buona fonte di cibo da post-letargo. La chiocciola comincia così a brucare l'erba aspettando che si inoltri la primavera per trovare un suo simile con cui accoppiarsi, contribuendo così al ciclo biologico naturale della vita elicicola.

NEMICI

La chiocciola ha molti nemici. Tra questi ci sono i raggi solari che se forti e diretti disidratano in poche ore la chiocciola portandola alla morte.

Anche il caldo secco può portare alla disidratazione e quindi alla morte della chiocciola.

Ecco perché è un'amante della vita notturna, prediligendola alle ore diurne. Durante il giorno però, se il sole è coperto e c'è una buona percentuale di umidità, può succedere che le chiocciole escano per il pascolo rimanendo sempre nascoste e protette nell'ombra.

Il vento asciutto, la grandine ed il freddo sono altre cause della loro morte.

Con la grandine c'è il pericolo che si possa rompere il guscio. La chiocciola lo può riparare ma la secrezione della bava può riparare solo piccoli danni come una lesione oppure un buco, ma se la chiocciola ha il guscio completamente rotto andrà verso morte certa.

La pioggia prolungata che provoca allagamenti può farle morire per annegamento, sommergendole. Per questo le chiocciole prediligono i nascondigli in posti con una buona pendenza.

ARMI DI DIFESA

La chiocciola è dotata di un sistema di difesa che è la sua conchiglia. Al primo accenno di pericolo entra dentro e chiude l'unica apertura con l'opercolo per sigillare il peristoma. Solo così ha una buona possibilità di salvezza.

L'altro sistema di difesa è la secrezione di bava che può servire ad allontanare o addirittura uccidere per asfissia alcuni insetti o vermi molto pericolosi per la sua incolumità.

La chiocciola ha un'altra arma a sua disposizione che è il suo istinto, il quale la induce ad evitare i pericoli e a raggiungere subito il riparo necessario per la sua sopravvivenza.

Oppure in caso di precipitazioni gli permette di mettersi al sicuro aggrappandosi ad alberi e piante dal fusto alto evitando di annegare.

ALTRI NEMICI

Nessuna difesa invece la può salvare da altri nemici come: il fuoco, l'uomo, ratti, uccelli rapaci e non, rettili, anfibi, cinghiali, istrici ed altri animali che si trovano nel gradino più alto della catena alimentare.

Insetti con mole più piccola come stafilini, toporagni, carabidi, limacce, centopiedi, scolopendre, grillo-talpa, lampiridi sono in grado di perforare il sacco dei visceri e mangiarle mentre la chiocciola è ancora viva.

Tra i ratti, ci sono i topi e le talpe, che hanno la capacità di rompere il guscio facendo un buco verso la fine della spirale e mangiarne il contenuto.

Anche i cinghiali, i ricci e gli istrici non sono da meno perché riescono a mangiare addirittura tutta la chiocciola con il guscio.

I cinghiali si spostano sia a branco che a famiglia e se entrano in un impianto di elicicoltura sono capaci di fare danni molto gravi.

Le lucertole sono in grado di mangiare le lumachine all'interno del guscio anche senza rompere quest'ultimo oppure possono mangiare le chioccioline appena uscite dal nido.

Serpenti e bisce aspettano pazientemente che la loro preda si trovi tra la vegetazione e scattano azzannando la chiocciola che si trova fuori dalla conchiglia strappandola con tutto l'intestino. Per i piccoli serpenti costrittori rompono il guscio per poi ingoiare tutta la lumaca.

Rane e rospi sono ghiotti delle chioccioline più piccole, appena uscite dal nido nelle quali sono state deposte.

Le formiche, per esempio, sono pericolose per le uova. Entrando nel nido dove sono deposte le prendono e le portano via. Alcune volte, per facilitare il trasporto delle uova intere rompono il sottile guscio uccidendo così le lumachine all'interno trasportandole fuori dal nido al formicaio.

Tra gli uccelli ci sono sia i rapaci diurni, come falchi

e aquile, sia notturni come gufi, ma anche oche domestiche, anatre, corvi, merli e gaza ladra.

> *Curiosità: Per i falchi e i gufi noi abbiamo un trattamento speciale. Li lasciamo avvicinare all'impianto a banchettare. Questi rapaci sono molto utili per cacciare i topi.*

Lo stafilino è un insetto che si nutre di carne in putrefazione.

Con la sua forma piccola e allungata è in grado di attaccare la chiocciola e perforare il sacco dei visceri distruggendo il sistema vitale della stessa e portandola a morte certa.

A volte la chiocciola si difende con un'abbondante secrezione di bava e riesce ad allontanare lo stafilino, ma nella maggior parte dei casi vince quest'ultimo.

Esso riesce ad uccidere anche soggetti più grandi, cibarsi della loro carne in putrefazione e stare durante tutto il periodo all'interno della conchiglia fino a quando non finisce la scorta di carne. Quando la carne è completamente consumata lo stafilino depone le uova nell'ultima spira della conchiglia mettendole così in protezione, e poi va a caccia di una nuova preda. Lo stafilino è molto prolifero ed è molto pericoloso per le chiocciole di qualsiasi età.

ALTRI INSETTI nocivi per l'animale sono anche:

il centopiedi e il grillotalpa e la limaccia. Quest'ultima mangia la chiocciola per potersi procurare la limacina che le serve per la deambulazione e per potersi raffreddare in determinate condizioni ambientali.

Può formare un branco per organizzare la ricerca di chiocciole. E sono molto pericolose se entrano in un impianto di elicicoltura.

L'uomo e la Chiocciola

L'uomo ha imparato a cacciare la chiocciola sin dalla preistoria, per cibarsene e sopravvivere. La carne di chiocciola è una carne che ha un alto tasso di digeribilità ed è buona per accompagnare degli ottimi piatti.

È errata quindi la diceria secondo la quale la carne di chiocciola sia indigesta. Essa può esserlo solamente in un caso e cioè quando le chiocciole non vengono spurgate correttamente.

Quando le chiocciole vanno in letargo vuol dire che già hanno provvedute da sole a liberare l'intestino dalle feci e quindi allo spurgo. Sono anche povere di calcio, perché lo hanno usato per la costruzione dell'opercolo, e così sono pronte per essere raccolte, cucinate e quindi facilmente digeribili.

Come Scegliere le Chiocciole?

Le chiocciole si possono comprare sia nei mercati agricoli che nei negozi di frutta, si possono trovare anche nei banchi frigo surgelati col guscio o senza, in teglie precotte e pronte per essere infornate, ripiene di pistacchio, nei barattoli in salamoia, nei sughi già pronti e persino in alcuni formaggi.

Oggi l'elicicoltura ha raggiunto dei traguardi inimmaginabili fino a qualche anno addietro.

Le chiocciole confezionate o surgelate sono controllate attraverso un processo semi automatico; l'uomo mette il suo contributo là dove la macchina non può arrivare e dove la natura lo impedisce.

Le chiocciole vengono allevate in impianti di elicicoltura e quando completano il loro naturale ciclo biologico vengono raccolte e depositate in appositi contenitori per procedere alla fase di spurgo, impiegando anche diversi giorni. Successivamente vengono portate in appositi ambienti climatizzati dove vengono riprodotte fedelmente le temperature autunnali in modo da indurre la chiocciola a procedere alla costruzione dell'opercolo. In questa fase la chiocciola consuma tutte le sue riserve di calcio e così la sua carne diventa più tenera e molto più digeribile. Le chiocciole vengono poi spostate all'interno di grossi cilindri dalla forma di un cestello forato, molto simile a quello di una lavatrice, e qui vengono lavate con potenti spruzzi d'acqua che tolgono le impurità attaccate ai gusci e stimolano le chiocciola e alla produzione di bava in grandi quantità.

Successivamente vengono cucinate in grossi bollitori o immerse nell'acqua bollente o utilizzando vapore in modo da privare la carne dei pochi grassi che ancora contiene e renderla più leggera.

In questa fase le chiocciole a causa delle alte temperature escono tutte dal loro guscio, facilitandone la cottura, e quando si apre il bollitore si raccolgono con un grosso mestolo e si dà inizio alla fase finale della lavorazione che è quella dell'inscatolamento.

Prima di essere inscatolate le chiocciole vengono ulteriormente lavorate insieme ad altri prodotti; vengono immerse nel sugo e poi sigillate in barattoli di vetro o di latta, oppure private del guscio vengono surgelate con azoto liquido, messe in contenitori di latta e condite con una miscela di olio, sale e spezie aromatiche; possono essere riempite con impasti vari sistemate in teglie di alluminio monouso e congelate, pronte per essere infornate dall'acquirente.

Ci sono tanti altri modi per far arrivare le chiocciole nelle nostre tavole ma il più comune è quello della compravendita diretta.

Molto spesso è possibile notare nei mercati della frutta o nelle bancarelle, chiocciole vendute dentro a grossi sacchi plastificati chiusi o semplicemente esposte all'interno di cassette di legno.

Il buon senso e le norme igienico-sanitarie più basilari ci informano sul fatto che questo non è proprio il modo più corretto che si dovrebbe usare per il trasporto e la vendita delle chiocciole.

Si deve tenere ben presente che le chiocciole devono arrivare nelle cucine dei consumatori vive, e perché ciò sia possibile, devono essere trasportate all'interno di ceste in plastica apposite, protette da un coperchio per non farle fuggire e non esporle al contatto con agenti esterni. Durante l'esposizione si deve prediligere un luogo ombroso così che i raggi solari non colpiscano direttamente le chiocciole con il rischio di farle morire rapidamente per disidratazione.

Si raccomanda di non bagnare le chiocciole durante l'esposizione nelle cassettine cioè prima della vendita perché può essere fatale per le chiocciole che si trovano nella parte inferiore del mucchio, in quanto possono avere problemi di respirazione e morire per asfissia.

Quando si va al mercato o al negozio di frutta, dove si può trovare e comprare la chiocciola viva, si deve prestare molta attenzione per evitare raggiri e truffe.

LE REGOLE "D'ORO" PER LA SCELTA

Ci sono delle regole che si devono osservare per acquistare delle chiocciole buone e saporite:

- La chiocciola deve essere viva;
- La confezione deve essere dell'ordine di 0,5 kg o 1 kg, non di più;

- La cassetta e il prodotto confezionato non devono essere bagnati, o almeno troppo bagnati (può capitare che la cassettina che contiene le confezioni sia umida a causa della bava);
- Acquistare chiocciole non bagnate: le chiocciole bagnate alterano il loro peso in eccesso e quindi si finisce per pagare un prezzo maggiore non corrispondente ai kg effettivi del prodotto.
- Controllare sempre l'opercolo. Le chiocciole in buona salute hanno l'opercolo duro e non molle, presentano una bombatura verso l'esterno che si adatta alle pareti dello stoma. Se le chiocciole non sono in buona salute o hanno avuto una cattiva alimentazione, e quindi un ciclo vitale alterato, hanno l'opercolo situato in profondità all'interno della conchiglia e ancora ricca di calcio in grandi quantità, la loro carne risulta poco digeribile;
- La chiocciola deve avere lo stoma bordato e la conchiglia deve presentare un risvolto alla bocca.
- Non deve essere esposta al sole o in luoghi dove c'è molto traffico di auto, perché nel

primo caso morirebbe disidratata in poco tempo e nel secondo caso assimilerebbe i gas di scarico delle automobili;

- Etichetta non rovinata. Se nella confezione l'etichetta è rosicchiata vuol dire che qualche chiocciola ha approfittato del pasto gratuito che le è stato offerto involontariamente e quindi è necessario ripetere il processo di spurgo;
- Annusare sempre le confezioni prima dell'acquisto e anche prima di cucinarle. Se la confezione fa odore di pesce marcio vuol dire che tra le chiocciole ve ne è qualcuna morta che deve essere scartata perché nociva e perché altera il gusto delle altre chiocciole. Può capitare anche che qualche chiocciolina se ne stia all'interno del guscio e, anche se stimolata con acqua, rimane immobile. Queste sono chiccioline che stanno per morire;
- Il prodotto deve presentare una etichetta con tracciabilità nella quale deve essere riportata il numero di giorni di spurgo. Solitamente da 5 giorni a una settimana o più. Al momento dell'acquisto il prodotto deve essere già spurgato, ma nel caso in cui

non lo fosse basta semplicemente metterle in un luogo fresco ed asciutto per liberarle dalle feci e dalle varie impurità. È assolutamente sbagliato procedere alimentandole con farine e molliche di pane o altri alimenti per facilitarne lo spurgo perché esso non si realizzerebbe completamente. L'operazione di spurgo che viene fatta negli impianti di elicicoltura è appositamente realizzata al fine di vendere il prodotto pronto per essere consumato anche lo stesso giorno dell'acquisto.

L'ETICHETTA

Ogni sacchettino di chiocciole, che sia da 1 kg o da 500 gr, deve esibire un'etichetta.

L'etichetta è la carta d'identità del prodotto e racchiude tutte le informazioni che lo riguardano.

Può essere realizzata in diversi modi: adesiva, a cartellino, a bandierina, etc. e risponde alle richieste del consumatore. Nell'etichetta tutto è importante e non devono essere presenti omissioni o errori. Vediamo bene i vari punti:

LOGO AZIENDALE:

Solitamente in primo piano o in filigrana si trova il logo aziendale. Il logo aziendale è un marchio che richiama l'attenzione del consumatore e serve a far imprimere mentalmente il prodotto stesso.

Ha la funzione di determinare la storia ed il settore di produzione dell'azienda. Presenta colori e forme particolari così da poter indirizzare il consumatore a comprare il prodotto.

ISTRUZIONI:

Sembrerà strano ma anche per le chiocciole c'è bisogno di "istruzioni per l'uso".

Da non confondere con la ricetta, l'istruzione è molto importante per le fasi precedenti e conseguenti la cottura. Spiegano nel dettaglio come avviene la fase della pulitura, come lavarle, che cosa usare nel lavaggio, come cuocerle e cosa usare nella cottura.

CONSERVAZIONE:

Notizie su come conservarle prima e dopo la cottura. Solitamente si indicano i gradi centigradi ed il numero complessivo di giorni per una migliore conservazione del prodotto e per mantenere intatto il gusto.

INFORMAZIONI NUTRIZIONALI:

Si riporta una piccola tabella che esplica tutte le informazioni nutrizionali del prodotto:

ALIMENTO: Chiocciola

GRASSI: 0,5% - 0,8%

CALORIE: 60-80/100gr

PROTEINE: dal 12% al 16%

MINERALI: 1,5% circa

AZOTO: 2,50%

PESO:

Quando si vendono chiocciole vive è sempre meglio indicare in una parte dell'etichetta oltre al peso anche questo piccolo avvertimento *"prodotto soggetto a perdita di peso"*.

SCADENZA:

La scadenza è sempre indicata in tutti i prodotti. Nel caso di chiocciole vive il periodo di scadenza può andare da uno a 4 mesi dalla data di insacchettamento, invitando il cliente a fare particolare attenzione alla conservazione del prodotto. In questi casi è meglio mettere:

"da consumarsi preferibilmente entro il..."

TIPOLOGIA DI ALLEVAMENTO:

È molto importante indicare come è stata allevata la chiocciola, perché in base al tipo di allevamento si ha una variazione del gusto della carne. Indicare anche se sono stati usati sfarinati o meno porterà sicuramente a ricevere più fiducia dal cliente. Oltre all'alimentazione si deve indicare da quale tipo di impianto proviene la chiocciola e cioè se è un impianto al chiuso, all'aperto, etc.

VARIETÀ:

Indicare la varietà del prodotto porta ad una ricerca e selezione immediata da parte del consumatore che leggendo non può confondere per esempio la HELIX ASPERSA MÜLLER con la HELIX ASPERSA MAXIMA, visto che le due specie si somigliano tantissimo.

PROVENIENZA CONTATTI E CONFEZIONAMENTO:

Per essere munito di una corretta tracciabilità, il prodotto deve indicare un luogo di provenienza e di confezionamento. Ad esempio: *"prodotto confezionato nell'impianto elicicolo di Elicicoltura Valle dei Platani sito in C.da Ex Feudo San Giovanni, 3 - 92020 San Biagio Paltani (Ag) - Autorizzazione Sanitaria n° ___ del ___"*

11

Il Trasporto

In Italia attualmente poche sono le ditte che si occupano del trasporto di chiocciole vive.

Ci sono però dei parametri da rispettare per quanto riguarda il trasporto delle chiocciole vive:

- La chiocciola deve essere asciutta, spurgata e opercolata;
- Esse devono essere messe in sacchettini retati per favorire una buona areazione. In sostituzione possono essere messe in contenitori di plastica tipo cassettine, chiuse da cerniere ad incastro che non ne favoriscono la fuga e con fori per l'areazione;

- Sia i sacchettini che le cassettine di plastica devono essere messe in appositi scatoloni idonei al trasporto delle chiocciole;
- Il prodotto deve essere accompagnato da un documento che certifica che non ha bisogno di particolari condizioni di trasporto e che, nonostante la temperatura all'interno del mezzo, non subirà danni vari. In tale dichiarazione va specificato che tali condizioni garantiscono il trasporto delle chiocciole per almeno 72 ore senza la somministrazione di alcun alimento;
- La spedizione potrà avvenire solo da lunedì a giovedì.
- È vietato il ritiro in giorni immediatamente precedenti le festività, in modo da evitare fermi in deposito;
- Sul documento di trasporto si dovrà indicare sempre il nome e cognome del mittente e del destinatario, indirizzo, numero di telefono o cellulare, per avere un contatto anche diretto con un responsabile e gestire un eventuale problema;
- Le spedizioni non possono essere assicurate; salvo disposizione di qualche

impianto che assicura il prodotto per tutto il tragitto.

12

Import/Export

P er i prodotti provenienti da paesi della Comunità Economica Europea (CEE) non sono necessari specifiche certificazioni sanitarie perché il prodotto e gli impianti sono controllati dalla sanità locale e gestite secondo le regole europee.

Se provengono dai paesi extra comunitari invece essi devono esibire un certificato di origine ed un libretto sanitario rilasciato da un veterinario ufficiale del territorio di provenienza.

Inoltre i certificati devono provare che le aziende produttrici sono iscritte nell'elenco di aziende convenzionate, depositato nelle dogane CE, riportando il codice dell'azienda sanitaria del luogo e di quella comunitaria.

ENTRAMBE LE DOCUMENTAZIONI sono assolutamente necessarie!

13

Commercio Delle Varie
Tipologie

Cerchiamo prima di tutto di vedere il lato storico, che farà da introduzione, molto utile per il commercio.

Nel ventennio precedente il 2005, il mercato delle chiocciole subì notevoli cambiamenti.

Negli anni 70' le leggi emanate in quasi tutta Europa portarono il mollusco sulle tavole solo durante le stagioni di raccolta e quindi provocarono un'attenuazione nella stessa raccolta in natura.

Fu allora che si rispolverarono i primi impianti di elicicoltura, dove vi erano chiocciole allevate con un ciclo biologico completo che forniva il prodotto tutto l'anno. Attorno alla fine degli anni 70' in Italia si vendettero circa 15.000 tonnellate di chiocciole della specie Helix Pomatia.

In tutto il mondo 250.000 tonnellate.

La Francia, primo paese per il consumo ed il commercio, per aumentare la produzione, spostò la raccolta nelle nazioni dell'est Europa, come Polonia e Bulgaria, che a loro volta cercavano di introdurre moneta forte per sostenere l'economia fragile di allora.

Negli anni 80' in tutto il mondo si registrò un picco, di 420.000 tonnellate, dei consumi; il 50% proveniente da stabilimenti francesi dislocati un po' in Africa del nord e un po' in Turchia.

Nel 2007 in Italia si sono superate le 38.000 tonnellate con un aumento di 250 tonnellate in più rispetto all'anno precedente. Nello stesso anno le importazioni in Italia sono di 250.000 quintali.

I prezzi internazionali che riguardavano le chiocciole vive erano e rimasero bassi fino alla caduta del muro di Berlino.

Dopo questo periodo le nazioni europee sono migliorate economicamente e ciò ha comportato un notevole aumento dei prezzi che ha inevitabilmente interessato il settore elicicolo.

In Italia il grande interesse per la costruzione di nuovi impianti di elicicoltura ha portato alla produzione di un prodotto migliore e più controllato rispetto a quello che si raccoglie in natura.

Il vantaggio di questi impianti è che assicurano un prodotto dalla carne migliore, più saporita e soprattutto un prodotto disponibile tutto l'anno.

I prezzi hanno una variazione annua con all'incirca il 2-3% d'incremento. Ma il prodotto deve anche rispettare certi criteri affinché risulti eccellente, se non si vuole dimezzarne il prezzo.

Il mercato internazionale tratta due tipi di chiocciole:

- L'Hacatina che è una chiocciola gigante, proveniente dalle zone equatoriali e sub equatoriali, Asia ed Africa. Essendo delle chiocciole molto prolifere vengono catturate in natura e vengono utilizzate come alimento proteico, data la scarsezza di cibo. Oggi anche in Europa si è diffuso il mercato delle Hacatine, pur trattandosi di una fetta di mercato molto minuta, ed è trattata da collezionisti oppure acquistata come chiocciola da compagnia;

- L'Helix è destinata maggiormente alla gastronomia e ad oggi esiste un mercato mondiale per la compravendita di questo prodotto fresco e lavorato. Il mercato, fino a qualche anno fa, aveva quattro paesi fondamentali di riferimento: Turchia, Siria, Spagna e Francia.

IN ITALIA IL PRODOTTO, essendo molto controllato, ha un prezzo più alto di quasi il 10%. L'estremo oriente, Giappone, Stati Uniti e Russia, ricercano questo prodotto proprio per il fattore bontà e per il "made in Italy" come garanzia di genuinità.

IN EUROPA la Francia è stata da sempre il primo paese in assoluto per l'esportazione ed il consumo di Helix. Con il suo prodotto esportato in tutto il mondo, con l'appellativo di "ESCARGOT", ha registrato nel 2007 oltre 160.000 tonnellate di prodotto venduto. La Spagna ed il Portogallo sono grandissimi consumatori di Helix Aspersa, le "CARACOLES", che arrivano dalle raccolte naturali e dagli impianti di elicicoltura del Marocco e dall'Algeria. Circa 65.000 tonnellate nel 2007. La Grecia grazie alle sue tradizioni, fa parte dei paesi con un consumo elevato di chiocciole del tipo Helix, (le più buone in assoluto per il loro gusto inconfondibile). Di circa 45.000 tonnellate è il consumo del 2007. In Germania si sta scoprendo da poco l'interesse per le chiocciole e questo ha fatto spuntare nuovi impianti di elicicoltura. In altri paesi europei non si registra un notevole consumo o interesse ed in altri ancora è completamente assente.

DURANTE TUTTO L'ANNO, che coincide con il ciclo biologico completo, il mercato delle chiocciole subisce numerose variazioni, sia in positivo che in negativo, dovuto a tanti fattori che influenzano la produzione: concorrenza, clima, andamento delle richieste ...

Non si può dire con certezza quante siano le tonnellate che vengono smerciate ogni giorno per ogni specie di chiocciola. Non tutte le chiocciole possono essere allevavate in appositi allevamenti di elicicoltura, né sono raccolte in natura, proprio per la loro poca diffusione come specie di allevamento. Questo porta ad un innalzamento talvolta anche esagerato del prezzo provocando una corsa all'oro da parte di persone ignoranti in materia e provocando pure danni sostanziosi, come grandi investimenti andati a male e grandi disastri.

IN TUTTA ITALIA la specie "Helix Aspersa" è la più richiesta. Purtroppo la domanda è di gran lunga superiore alla produzione e per questo motivo si fa ricorso all'importazione dall'estero ma, anche subendo una grande concorrenza, il prodotto italiano detiene delle particolarità nel gusto e nella caratteristica forma che la contraddistinguono su tutte.

Cina, Marocco, Tunisia, Grecia ,Turchia, Polonia sono le maggiori esportatrici di chiocciole.

Il consumatore molte volte non sa di essere in presenza di una chiocciola straniera e paga come se fosse allevata in Italia, quindi ad un prezzo maggiore, perché nell'etichetta c'è una falsa tracciabilità.

Questo porta ad uno perdita di valore del nostro

prodotto e ad un allontanamento dalle tavole del consumatore, quindi ad una diminuzione dei consumatori.

LA PRODUZIONE **DELL'HELIX ASPERSA, Maxima e Muller,** copre il 75% della produzione degli allevamenti italiani. Diffusa soprattutto nel meridione la chiocciola soddisfa il 47% del mercato nazionale dell'elicicoltura. Raggiunge il suo peso commerciale dopo quasi 8 mesi, solo se l'elicicoltore ha fatto un buon lavoro durante il ciclo biologico.

È una specie molto resistente e si adatta sia all'allevamento all'aperto che a quello al chiuso dando buoni risultati di produzione.

Le quantità di vendita annue si aggirano attorno alle 16.000 tonnellate.

L'HELIX POMATIA conosciuta anche col nome di **"escargot de Borgogne"**, perché è tipica della Borgogna, ha una copertura minore rispetto alle Helix Aspersa.

In Italia copre solo il 28% del mercato dell'elicicoltura e il consumo interno viene coperto solo dal 19% della produzione, tutto il resto è prodotto importato dai paesi dell'est e dalla Francia.

In Italia ne vengono vendute all'anno circa 10.000 tonnellate.

Questo perché ha bisogno di un clima e di una collocazione geografica adatti alle sue esigenze. Si tratta anche di una chiocciola per intenditori.

LA **LOCORUM** si trova tutto l'anno nei mercati italiani, ma molto spesso si tratta di prodotti importati.

Nella distribuzione questa chiocciola raggiunge anche il 39 – 40% di commercializzazione. Viene usata dai collezionisti grazie alle caratteristiche particolari del suo guscio. A causa del prezzo di vendita basso, dato dalla scarsa qualità della carne, in Italia sono pochi gli allevamenti che la trattano ed è quasi assente nelle isole.

L'**HELIX APERTA** è la più cara chiocciola che si trova nel mercato.

Delle circa 2.300 tonnellate prodotte ogni anno solo il 15% proviene dalla raccolta naturale nelle campagne ed il 3% dai pochi, pochissimi, allevamenti che ci sono in tutto il territorio nazionale. Tutto il resto, oltre l'80%, è importato da Tunisia, Marocco ed altre nazioni del Nord Africa. Questa chiocciola è acquistata a prezzi esageratamente alti solo se è opercolata, poiché la carne si libera di tutto il calcio e diventa squisita e leggera. Non è una chiocciola di allevamento o meglio non sa stare all'interno di recinti, perché è sempre alla ricerca di nuovi posti con determinate caratteristiche che soddisfino il suo star bene.

Costruisce l'opercolo d'estate e si trasferisce dentro a valloni o dirupi dove vi è anche una specifica vegetazione che la protegge e le permette di dare forma all'habitat da lei desiderato. Tutto questo porta il prezzo alle stelle perché chi va a raccoglierla deve fare grossi sacrifici e deve avere molta pratica, senza considerare che tutto questo lavoro viene fatto d'estate col sole ed il caldo non indifferenti. L'Helix Aperta non opercolata ha un prezzo basso perché la chiocciola non ha usato tutto il suo calcare per formare il grosso opercolo che ha davanti lo stoma, quindi si ha una carne pesante e non squisita come quella dell'Helix Aperta opercolata.

L'EUBONIA VERMICULATA è una chiocciola diffusa in tutta Italia di cui però non ci sono molti impianti che la trattano, a causa della grande mortalità che si ha subito dopo la nascita e anche per la spiccata tendenza alla fuga.

La chiocciola soddisfa il 10% del mercato nazionale.

Da un paio di anni è iniziata anche la conservazione e la vendita surgelata.

LA **THEBA PISANA** è una chiocciola che viene raccolta solo in natura e nelle isole, soprattutto in Sicilia, nel Lazio e nelle regioni sud tirreniche. Il prezzo varia, così come la percentuale relativa al consumo, perché in queste regioni ancora oggi molte persone vanno a raccoglierla in natura dato che é facile da trovare.

L'ACHATINA FULICA è una chiocciola di grossa pezzatura che raggiunge anche gli 800 gr.

Non venduta in Italia per il suo gusto ma per i collezionisti che la esibiscono dentro delle teche durante le fiere.

A differenza di altre chiocciole, le chioccioline di Achatina Fulica possono essere trasportate a lunga distanza perché sono molto resistenti.

14

Preparazione delle Chiocciole

In Italia le chiocciole sono apprezzata in ogni regione ed ognuna ha una sua ricetta base per cucinarle (generalmente in umido o trifolate, con o senza pomodoro), al fine di ricavarne un buon sugo con cui accompagnare la polenta o il pane.

Nelle zone mediterranee, e nelle regioni italiane centro-meridionali (ma anche in Liguria), è molto usata la Helix Aspersa. Questa "chiocciola dei giardini" o "zigrinata" ("maruzza" nel trapanese, "petit-gris" per i francesi), è protagonista di molte sagre paesane e costituisce circa il 70% del patrimonio elicicolo dell'allevamento in Italia.

Altre chiocciole, piccole e tutte prelibate, solitamente hanno mercato circoscritto al Sud e alle Isole perché gli allevamenti non esistono o sono in numero ancora modesto.

La chiocciola, per tradizione, viene cucinata secondo ricette alquanto robuste, che l'hanno resa un cibo indigesto. Invece, se cucinata ammodo, diventa un cibo facilmente digeribile.

100 grammi di carne contengono 13 grammi di proteine e solo 1,7 grammi di grassi, il che significa solo 67 calorie; sono quindi adatte per una alimentazione ipocalorica, se si sa risparmiare sui grassi di cottura!

15

Alimentazione

Le maggiori richieste provengono, e sono sempre provenute, dal nord Europa ed anche dai paesi che usano questo prodotto per produrre particolari insaccati, come la Turchia e la Grecia.

La chiocciola presenta un alto valore nutrizionale. E' un alimento ad alta digeribilità, ricco di amminoacidi, povero di grassi (1,7%), proteine (12,9%), sali minerali e ha proprietà simili a quelle del pesce magro.

Una porzione di 15 chiocciola ha solo 80 calorie.
Nell'antichità le chiocciole venivano impiegate

anche per le terapie mediche o per la cicatrizzazione di ferite da taglio.

IN PARTICOLARE la bava è impiegata in molti settori, anche e soprattutto nel settore estetico perché ha il potere di combattere le verruche ed i segni dell'invecchiamento della pelle. Invece per combattere l'ulcera gastrica i nostri nonni usavano mangiare una chiocciola viva al giorno per una settimana.

La carne di chiocciola HELIX contiene mediamente un 13% di **PROTEINE** di elevato valore biologico ed un modesto apporto di **GRASSI** (1.7%). Il suo valore nutritivo è pertanto tra i più validi, inoltre l'alta percentuale (circa il 60%) di grassi polinsaturi favorisce l'eliminazione, attraverso le vie biliari del **COLESTEROLO** dall'organismo.

LA CARNE di chiocciola HELIX può essere indicata negli stadi di deficit proteico, secondario a malattie defedanti nelle persone anziane, nelle anemie secondarie, negli stadi di gravidanza ed allattamento, nell'alimentazione sportiva e post-intervento per il buon contenuto di **SALI MINERALI.**

IN QUESTI ULTIMI ANNI , abbiamo assistito ad un ritorno ai piatti tipici della tradizione, alla riscoperta del mangiare sano, riassaporare le tradizioni del proprio territorio, senza trascurare le esigenze legate alla nostra epoca "la cultura del corpo" che ci porta a scegliere cibi semplici, digeribili e facilmente assimilabili. Erroneamente si crede che la chiocciola sia un cibo pesante, ma questa asserzione è valida semmai per le salse che solitamente l'accompagnano. Pertanto la chiocciola cucinata con opportuni accorgimenti è consigliata a chi segue una dieta ipocalorica e si presenta particolarmente digeribile per il suo contenuto di **AMMINOACIDI.**

Come Cucinarle

La preparazione della chiocciole per la cottura si divide in tre fasi: la purgatura, l'eliminazione della bava e la precottura con estrazione dal guscio.

PURGATURA

La chiocciola raccolta in campagna in primavera o in estate deve essere "purgata" per eliminare i residui delle erbe o dei funghi velenosi che hanno mangiato. Le chiocciole che si sono chiuse con il loro opercolo all'inizio dell'inverno o d'estate sono già purgate. Il metodo tradizionale di purgatura consiste nel far digiunare le chiocciole per 5 o 6 giorni dentro delle gabbie di legno oppure di plastica, purché abbiano un fondo ben aerato su cui non si formi umidità perché lo scopo della purgatura è quello di farle asciugare e far sì che si attacchino alle superfici del contenitore.In molte zone si usa mettere inizialmente le chiocciole nella crusca o mollica di pane affinché ne mangino per due giorni, ma non pare che l'uso abbia una particolare utilità. Ancor meno senso ha il mettere segatura al posto della crusca. Recenti studi hanno dimostrato che questo sistema è inutilmente complicato, specialmente per chiocciole di allevamento che non hanno mangiato erbe amare. Si consiglia di procedere diversamente. Mettere le chiocciole in una cassa di legno privo di tannino, con il fondo a griglia e sollevato dal suolo di una quindicina di centimetri almeno. Poi si lavano con un forte getto d'acqua togliendo ogni residuo di terra o altro; ripetere l'operazione per due volte lasciando passare 24 ore tra un'operazione e l'altra. Passati così tre giorni si lasciano asciugare per altri tre giorni.

ELIMINAZIONE DELLA BAVA

Purgate le chiocciole, si dispongono a strati in un largo recipiente alternandole con un pugno di sale grosso, per un massimo di due o tre strati. Le chiocciole emetteranno molta bava e si dovranno lavare più volte. In alcune zone, prima di bollirle, vengono messe per un'ora in acqua con sale e aceto (o solo acqua con il 20% di aceto) e poi ripetutamente sciacquate e, se ancora bavose, sfregate con farina di mais grossa. Dopo di che vengono buttate nell'acqua bollente e si fanno bollire per dieci-quindici minuti. Si scolano, si tolgono dal guscio e si elimina la parte nera restante.

PRIMA COTTURA

In molte zone, sia con l'intento di uccidere rapidamente le chiocciole, sia di eliminare eventuali chiocciole morte, si procede diversamente: le chiocciole vengono messe in una pentola con acqua fredda per permettere che le stesse fuoriescano dal guscio. Fatto ciò si procede ad una selezione tra le chiocciole vive e quelle morte. Le vive si passano in una pentola con acqua pulita, messa a fuoco lento. Si porta ad ebollizione, esse sono pronte per la fase della cottura.

Altri, per individuare le chiocciole morte, le punzecchiano con uno stuzzicadenti prima di metterle nell'acqua.

Le parti carnose raffreddate vengono messe in acqua fredda con sale, fino ad acquistare un sapore più accentuato e vi si lasciano per un quarto d'ora. Dopo la cottura, si possono anche impastare e sfregare con del sale grosso. Si sciacquano poi abbondantemente, dopo di che sono pronte per essere cucinate o congelate (la chiocciola si presta molto bene al congelamento).

I tempi di cottura finali variano a seconda della taglia della chiocciola e di altre circostanze, ma in genere occorrono da una a due ore.

Attenzione: in alcune zone, specialmente se si tratta di chiocciole di piccola taglia, le chiocciole vengono cotte direttamente nel loro guscio, con l'intestino. In molte ricette le chiocciole vengono utilizzate già cotte a puntino. Per ottenerle si procede nella seguente maniera: cuocere le chiocciole (che già hanno subito la prima cottura e sono state pulite) in una parte di vino bianco e una parte d'acqua, in quantità tale da ricoprirle completamente; aggiungere carote, cipolla, scalogno tritato ed un mazzetto guarnito. Condire con 8 gr di sale per ogni litro di brodo e cuocere a fuoco lento fino alla totale cottura.

Per le chiocciole in scatola basta un quarto d'ora perché sono precotte e condite.

I GUSCI

Se si vogliono conservare i gusci per una successiva utilizzazione, si devono svuotare accuratamente, lavare bene con un pizzico di soda Solvay (ma alcuni si accontentano del bicarbonato) e si sterilizzano in acqua bollente (se si utilizzano subito, basta la bollitura). Poi si fanno asciugare nel forno a bassa temperatura.

Ringraziamenti

Ringrazio tutti coloro che mi hanno aiutato e mi hanno sostenuto nella realizzazione di questo progetto.

I miei famigliari, mio Padre Vincenzo, Mia Madre Marta, che non hanno potuto leggere questo libro insieme a me, le mie Sorelle Giusy ed Ezia e la mia Ragazza Fabiana, che mi hanno aiutato moralmente e professionalmente con i loro consigli e le loro correzioni.

Ringrazio anche il **Prof. Giuseppe Alfano** che ha contribuito alla correzione finale del libro e tutte le persone che fino ad ora hanno creduto in me e nei miei progetti, non solo quelli elicicoli.

Ringrazio anche te lettore che hai comprato questo manuale, che sia tu un curioso, che sia tu un esperto, che sia tu un appassionato o un nuovo elicicoltore, augurandoti il meglio per il futuro.

Il mio augurio va anche ai più tenaci, perché solo grazie alla tenacia si può ottenere un ottimo risultato.

Giacomo Chiarelli

www.ingramcontent.com/pod-product-compliance
Lightning Source LLC
Chambersburg PA
CBHW072207280526
45788CB00002B/916